EXPOSITION

DE LA

RELIGION

SAINT-SIMONIENNE.

PAR

P. Curie, D. M.

MEMBRE DE LA HIÉRARCHIE SAINT-SIMONIENNE.

MULHAUSEN, IMPRIMERIE DE JEAN RISLER ET COMP.
1832.

L'Autorité a fait fermer nos enseignemens publics, la parole St. Simonienne ne peut se faire entendre que d'un petit nombre de personnes. Nous aurons recours à la presse, par ce moyen nous nous adresserons à un Public plus nombreux, et nos succès seront par conséquent plus rapides encore : un terrain que l'on ensemence largement, porte tôt ou tard des fruits en abondance.

Plus que jamais j'ai hâte d'exposer aux yeux de tous notre dogme, notre morale, notre politique. Jusqu'à présent, les ouvrages qui traitent de la doctrine ont été écrits pour les hommes habitués aux études sérieuses, aux études philosophiques. Mon but est dexposer la religion Saint-Simonienne d'une manière assez simple pour être à la portée de toutes les intelligences; nous devons nous adresser à tous, car dès à présent nous appelons tous les hommes à nous.

La série de publications que je vais faire paraître sera composée de leçons que j'ai faites publiquement à Mulhausen; plus tard d'autres St. Simoniens viendront m'aider dans de nouveaux travaux.

Première Séance.

En entreprenant la tâche immense que j'ai reçu mission d'accomplir, je l'avouerai avec franchise, ce ne sont pas mes forces que j'ai consultées, mais bien l'excellence de la doctrine que je vais enseigner ; et même avant de m'entendre, vous devez convenir qu'il n'y a qu'un homme profondément convaincu qui puisse, à une époque comme la nôtre, renoncer à une partie des idées dont il s'était nourri depuis bien des années, renoncer aux idées libérales ; oser au sein d'une population dont la grande majorité est encore fortement prévenue contre la doctrine St. Simonienne, dire hautement qu'il l'adopte et qu'il se voue à la propagation de cette nouvelle religion.

Messieurs,

Ce n'est pas en un jour que peut se dissiper le blâme que vous-mêmes, peut-être avez jeté sur moi ; ce n'est pas en une séance que vos doutes s'évanouiront ; on ne peut être sitôt convaincu, converti. Je ne réclame, je n'attends de vous pour le moment que de l'attention et de la bonne foi.

Avant d'exposer notre doctrine, je vais tracer le tableau succeinct de l'état actuel de la société. Il faut que vous sentiez les raisons pour lesquelles la doctrine St Simonienne est indispensable a notre époque.

Si l'ordre social actuel est impuissant à faire disparaître les maux qui accablent la société, je pense que vous n'hésiterez pas à conclure avec moi que nous devons tendre de toutes nos facultés à découvrir les moyens de sortir de la crise où nous nous trouvons.

Un fait a dû vous frapper : c'est que *chacun* se plaint, et vous le voyez maintenant, ce n'est pas de ce que les libéraux sont trop faibles, ils ont le pouvoir en main. On se plaint d'une souffrance que le triomphe de ces derniers ne peut guérir. Tous les jours ces plaintes se justifient : manque de travail, salaires insuffisans, revers de fortune, vieillesse s'achevant dans la misère et l'isolement, point d'union, même dans la famille, point d'épanchemens, point de consolations amies ; pour le grand nombre une vie de misère, de sueurs, de lutte, de tortures morales et physiques et au bout de cette carrière de douleurs, pour beaucoup une mort *absolue*.

Vous avez pu entendre ces plaintes, les faits qui les constatent sont sans cesse sous vos yeux. Combien de fois, assistant à l'agonie du pauvre, ai-je gémi en voyant s'éteindre un être qui n'avait connu de la vie que le travail et la misère, qui avait traversé un monde, où, pour lui, tout était négatif, car il n'avait trouvé ni bonheur, ni sympathies, ni espérances consolatrices.

L'homme est exploité par l'homme. Voilà ce qui résume les maux qui tourmentent les nations et les individus.

On peut poser en fait que *nul* n'est *rétribué suivant ses œuvres*, et qu'une grande partie de ceux qui possèdent *jouissent aux dépens des autres*.

Le *travail* seul produit ce dont l'homme peut *user* : beaux arts, sciences, produits matériels ; c'est le *travail* qui produit tout ce qui est échangeable ; c'est le *travail* qui nous fait *vivre* ; c'est sur lui que sont fondées toutes les sécurités sociales. D'après ceci, il semblerait que chacun dût recevoir jouissance et sécurité en échange de ce qu'il produit ; cependant il n'en est point ainsi, car dans la société on compte des hommes qui ne sont point *travailleurs*.

La société se divise en deux classes bien distinctes: la première est celle des hommes qui *naissent riches*, et qui, par droit *d'héritage*, ont, en venant au monde, le *privilège* de jouir, de consommer, non les fruits de la terre (elle ne produit rien sans le travail), mais les fruits des labeurs *d'autres hommes*.

La seconde classe, qu'on appelle ordinairement le *peuple*, et qu'on désigne encore sous le nom de *prolétaires*, est la plus nombreuse (à peu-près dans le rapport de 3 à 1) (*).

Dans cette classe les hommes naissent pour travailler, uniquement pour cela; ils sont attachés à une profession, à un métier, comme autrefois un serf était attaché à la glèbe. Si dans leur sein il se trouve quelques individus qui reçoivent de leurs pères un petit capital; ce capital s'épuise dans l'apprentissage de quelque profession libérale, ou est employé à quelques essais d'industrie, le moindre revers suffit pour l'anéantir.

Or, c'est à cette classe qu'appartiennent tous les travailleurs, sauf quelques rares exceptions; c'est à cette classe qu'appartiennent les ouvriers, les ingénieurs, les savans, les médecins, les artistes etc.,

---

(*) Cette division des hommes en OISIFS et TRAVAILLEURS est exacte; car il y a des hommes qui travaillent, et d'autres qui ne font rien de *productif* pour la société. Les travailleurs à leur tour doivent être divisés en deux classes : ceux qui possèdent et ceux qui ne possèdent point. Notre religion vient abolir *tous les privilèges de naissance : Tous* les hommes seront travailleurs; *tous* seront classés suivant leur capacité et rétribués suivant leurs œuvres.

presque tous ceux qui produisent, qui engendrent la richesse en font partie; il n'existe dans la société aucune sécurite qui ne soit fondée sur elle; elle est la base sur laquelle repose l'oisiveté parasite, cette oisiveté si fière, si dédaigneuse, qui mourrait de faim si elle ne consommait le fruit du travail des autres.

La société est donc divisée en deux classes bien tranchées, dont *L'UNE EST EXPLOITÉE PAR L'AUTRE.*

Les formes sous lesquelles se présente *l'exploitation*, se dissimulent assez adroitement, et bien des personnes douteront peut-être qu'elle se déguise sous les noms d'*héritage*, de *contrats de fermages*, *loyers*, *prêts à intérêts* ou en *commandite*. — Et quels sont les instrumens de l'exploitation? Ce sont 100,000 advocats, avoués, juges, notaires, huissiers, et au besoin des gendarmes.

C'est une grave erreur que de penser qu'on sorte aisément de la classe laborieuse pour entrer dans celle des oisifs; le travail mène bien rarement à la fortune; le *repos* qui devrait en être la juste et immanquable conséquence est bien rarement obtenu. Remarquez avec quelle difficulté le pauvre parvient à acquérir le plus mince capital, et un seul revers lui ravit souvent tout ce qu'il possède, et vous savez que pour le riche la facilité d'augmenter ses capitaux est au contraire très-grande. Plus sa fortune est considérable, moins les revers lui sont à redouter.

Je prévois que l'on m'objectera la *division de la propriété*. Savez-vous ce que montraient en 1819 les cotes des contributions à cet égard? Les 4/5 de la France sont divisés en 47,000 cotes, ou possédés par 47,000 individus; le *cinquième* restant est divisé en plus de 2,300,000 individus, qui en sont en même temps cultivateurs et propriétaires, et qui, bien certainement, n'en retirent pas en général un produit suffisant pour les faire vivre eux et leur famille.

Voilà donc 47,000 oisifs dont le luxe se nourrit des produits des travailleurs; 47,000 oisifs qui nous gouvernent, font des lois dans leur intérêt et dépravent les filles du pauvre.

Les *Oisifs* dont le revenu est tiré du *loyer des capitaux*, sont beaucoup plus nombreux encore; ceux-ci exploitent les *commerçants*, les *manufacturiers* et en dernier terme les *ouvriers*.

Tous les économistes européens reconnaissaient ce fait de *deux classes* : *l'une* vouée au travail et à la misère, et cependant produisant *elle seule la richesse*, *l'autre* destinée à toutes les jouissances que procurent le luxe et la fortune.

L'on pourrait penser que ces savans économistes s'étant apperçu d'un pareil désordre, se sont évertués à y trouver un remède...... Ils l'ont considéré comme un *élément*, une *nécessité* des *hautes civilisations*. Entendez-vous bien, *la misère* un élément de prospérité ! !

Il est de ces hommes politiques, qui, frappés des misères des travailleurs, de leur nombre toujours croissant; touchés de la crainte de les voir se révolter et compromettre ainsi la *richesse sociale*, ont pensé qu'il serait avantageux de borner la population à ce qui est rigoureusement nécessaire à l'exploitation des terres et des manufactures.

A cet effet on devait avoir recours aux moyens suivans : 1.° empêcher les mariages; 2.° supprimer les secours aux pauvres; 3.° supprimer les hôpitaux afin qu'ils meurent plus vite (*).

Vous vous refuserez, peut-être, à croire que de semblables propositions ayent été faites; et, si dans ce moment je venais les renouveler devant vous, vos cœurs généreux ne m'entendraient qu'avec indignation.

Eh bien, méditez avec attention sur le désordre profond dans lequel la société se trouve plongée; et si, comme ces hommes, vous admettez que les maux auxquels la classe la plus nombreuse est en proie doivent durer *toujours*, vous cesserez de vous indigner contre ceux qui ont pu avoir de pareilles idées.

Mais non, vous ne pensez pas que la misère qui accable les prolétaires soit la compagne inséparable, l'élément nécessaire des hautes civilisations; vous admettez avec Saint-Simon : que toutes les institutions sociales doivent avoir pour but l'amélioration du sort *MORAL*, *intellectuel* et *physique* de la classe la plus nombreuse et la plus pauvre. Entourés d'hommes heureux, notre bonheur croîtra incessamment. La *MORALITÉ*, la sagesse, l'aisance du peuple, nous délivreront pour toujours des inquiétudes, d'émeutes et de révoltes qui nous troublent sans cesse.

Pensez-vous, peut être, qu'avec la *Liberté* tous nos maux vont être réparés? Moi aussi j'ai cru à la toute puissance de la *Liberté* : Je vais vous dire comment je suis revenu de mes illusions.

(*) Cette doctrine était admise par les économistes du Journal du Commerce, de la Revue Britannique, de l'ancien Globe avant qu'il fut Saint-Simonien.

Placez sous le mot *Liberté* tout ce qu'on réclame en son nom et toutes les définitions de nos publicistes, vous verrez que cela se réduit à des *négations* à l'égard de ce qui unit les hommes entr'eux, à l'égard de ce qui soumet l'intérêt de *l'individu* à l'intérêt de *tous*.

Au nom de la *Liberté* on demande que le *monopole* de l'éducation soit supprimé, et que chacun soit libre d'enseigner ce qu'il veut. Ecoutez à quel résultat cette liberté nous conduit : on demande que l'éducation se *vende* et *s'achète*, il arriverait donc, si ce principe triomphait, que chacun recevrait une éducation *en rapport avec sa fortune*, c'est-à-dire, que ceux qui n'ont point de fortune n'auraient point d'éducation; et j'accorde même que l'instruction primaire soit donnée *gratis* aux enfans du pauvre; cela diminuerait, sans contredit, les mauvais résultats de cette mesure; mais vous devez sentir qu'il ne suffit pas de fonder des écoles gratuites pour le peuple, il faut encore mettre les enfans à même de les fréquenter : or, comment pourraient-ils s'instruire, quand, dès leur plus tendre jeunesse ils sont contraints d'épuiser leurs corps dans des travaux prématurés. D'ailleurs un grave inconvénient subsisterait : pour qu'il y ait *société* parmi les hommes, il faut de toute nécessité qu'ils reçoivent une éducation *MORALE COMMUNE A TOUS*, et il est évident que sous le régime de la liberté de l'enseignement il serait impossible d'arriver à ce résultat.

Au nom de la *Liberté* on a demandé et on a enfin obtenu qu'il n'y ait plus de *religion de l'état*, que chacun puisse à son gré nier celle des autres et avoir sa religion *à soi*. Par cette suppression la révolution a opéré un progrès, car toutes les religions existantes, étant déclarées immuables, et étant devenues retrogrades en raison des progrès qui se sont accomplis en dehors d'elles, toutes, sont par conséquent incapables, d'accomplir la nouvelle évolution que réclame l'humanité. Toutefois on a supprimé par là le *lien* en vertu duquel les hommes pouvaient se considérer comme frères, devaient se secourir, s'entr'aider. Pour que la société existe, il faut qu'elle soit soutenue, guidée par *une foi religieuse commune à tous;* une religion plus vaste que toutes les religions du passé, une religion qui satisfasse *toutes les sympathies* des hommes est désormais indispensable à l'humanité.

Demander que les religions ne soient plus payées par l'État, c'est vouloir qu'il y ait une religion des *riches* et une des *pauvres*, c'est anéantir la seule *égalité*, l'égalité devant Dieu.

Qu'on ne m'ojecte pas le premier article de la Charte, qui dit que *tous les hommes sont égaux devant la loi.* Cette égalité est une amère dérision. Voyez d'un côté des hommes recevant *éducation*, *instruction*, *richesse*, et de l'autre des hommes sans autre héritage que *l'immoralité*, *l'ignorance* et la *misère*.

Le riche et le prolétaire commettent-ils la même faute, le même délit? Le même article de la loi leur est appliqué. Le riche, le prolétaire commettent-ils le plus horrible forfait, l'assassinat? Le même couteau fait tomber leurs têtes — et voilà ce que l'on nomme égalité!

Quoi! celui qui par le *hazard de la naissance* n'a hérité que de l'immoralité et de la misère serait aussi coupable que l'homme qui a reçu en partage richesse, instruction, moralité?...... Vous ne sauriez le croire. *La loi écrite, la loi morte* frappe en aveugle, jugez s'il peut y avoir équité?

Le sujet de la *législation* vous sera présenté dans une séance qui lui sera consacrée. Je voulais seulement constater ici que l'égalité devant la loi n'est qu'une amère dérision.

La *concurrence* est, à l'égard des travailleurs, le principe qui correspond à celui de la *liberté*. Ce principe est fécond en causes de dissociation. La concurrence n'est autre chose que la négation de tout règlement de travail, de toute coordination soit des travaux, soit des travailleurs entr'eux.

Sous le régime de la concurrence, chacun abandonné à soi-même, ne voit de salut qu'en écrasant les autres, qu'en les *supprimant* s'il est possible: c'est une guerre acharnée, continuelle entre les travailleurs, et cette guerre a pour dernier résultat, de tendre à déprécier de plus en plus la valeur de leurs œuvres.

Vous tous, chefs d'industrie, dans votre pays, dans les pays étrangers, vous luttez à qui donnera les produits à meilleur marché, et, pour y arriver, vous employez deux moyens : 1.° vous perfectionnez les procédés de fabrication ; 2.° vous diminuez les salaires des ouvriers, qui eux-mêmes déclassés à tout moment par l'invention de nouvelles machines, concourent entr'eux pour offrir leurs bras et leur intelligence au meilleur marché possible.

Il résulte de cette double tendance de la part des maîtres à diminuer les salaires, et de la part de l'ouvrier à se réduire au gain nécessaire pour exister matériellement au jour le jour, il résulte, dis-je, que le travail se vend au-dessous de son prix réel ; tout ce qui travaille souffre, et le profit est tout entier pour *l'oisif* qui ne fait que consommer.

J'en appelle à vous tous, Messieurs, n'est-ce pas l'histoire de l'industrie. Les véritables plaies sont dans la concurrence, vous ne sortirez de cet état languissant, de cet état qui vous ronge, qu'en portant les remèdes à cette source de tous vos maux (*).

Vos malheurs qui sont bien grands sans doute, n'approchent pourtant pas de ceux des prolétaires, je vais essayer de vous tracer en quelques mots l'histoire de l'ouvrier.

Les ouvriers reçoivent d'abord un salaire qui peut les faire vivre au jour le jour ; puis ils reçoivent un salaire moindre qui ne peut les nourrir qu'imparfaitement, et souvent ils sont contraints de travailler d'une manière disproportionnée à leurs forces. En Angleterre, vous le savez, les ouvriers travaillent 16 heures par jour, il en est à peu-près de même ici pour les filatures et les tissages. Tous les médecins pourront vous dire les maux qui en résultent, et ce qu'il y a de plus affreux, c'est que le médecin voit le mal; connait le remède et ne peut l'appliquer.

Les ouvriers vieillisent ou sont invalides de bonne heure, alors extenués bientôt par une nourriture in-

(*) Je n'ai fait qu'effleurer à peine la question de la concurrence ; il eût fallu de nombreuses pages pour retracer tous les maux qu'elle entraine après elle ; il est douloureux de penser dans quel dégré de démoralisation elle plonge les hommes : c'est elle qui engendre la fausseté, la fourberie, les basses intrigues et le plus odieux de tous les vices, la calomnie.

suffisante et mauvaise, par un logement malsain, réduits à la misère, les *privilégies* d'entr'eux sont reçus dans les hôpitaux, d'autres mendient et reçoivent le secours des paroisses. Vous savez tous combien le prolétaire est plus souvent malade que le riche et les statistiques nous apprennent qu'il vit beaucoup moins longtemps.

Les personnes qui connaissent l'ouvrier ne m'accuseront pas d'avoir rembruni le tableau. Voilà, sous le régime de la *liberté*, l'histoire des hommes qui naissent sans héritage, voilà l'espérance que les pères lèguent à leurs enfans sous le régime de la liberté : *l'oisif* croit en bonheur, le travailleur en misère, en souffrances de toute espèce.

Et si nous examinons le sort des femmes considérées à leur tour comme *machines* de travail, nous les voyons d'abord en concurrence avec l'homme, qui, plus fort et moins maladif qu'elles, leur est préféré dans beaucoup d'ateliers; on le voit envahir successivement, même les métiers qui semblent le mieux convenir aux femmes; la femme ne peut soutenir cette concurrence, son travail ne peut la faire vivre. Ira-t-elle de porte en porte réclamer le pain de la *pitié*? Peut-être sera-t-elle repoussée, on croira que c'est la paresse qui lui fait *choisir* cet état vagabond, humiliant......... mais la *FAIM* est là, qui la presse, elle a recours dans *l'ombre* au dernier moyen qui lui reste — elle se prostitue ! —

Pour l'homme privé de travail, il n'a pas à choisir; pour lui, il faut mendier, voler ou mourir.

En remontant à l'enfance, le tableau est encore plus triste. Les parens tâchent le plutôt possible, de tirer parti de leurs enfans, et vous en connaissez les résultats ! Leur éducation morale n'est pas même ébauchée, la suite en est une dépravation dégoûtante dans un âge plus avancé. Les corps de ces misérables créatures se détériorent soit par un travail trop long, trop pénible, soit à cause de la misère et de la dépravation physique de leurs parens. Ces enfans ne sont pas seulement maladifs, rabougris ; souvent encore ils sont *laids*, leur figure a une expression fâcheuse qui repousse et éloigne presque la pitié : honnêtes encore, ils ont les traits du vice ; nourris d'abstinence, ils ont l'air de la débauche.

Très-fréquemment les pauvres ne peuvent nourrir leurs enfans, même dès les premières années de leur vie ; ils les abandonnent, les mettent aux *enfans trouvés*. Tous les couples ne sont pas mariés. En Angleterre et en France on compte environ 40 célibataires sur 100 individus arrivés à l'âge d'hommes.

Les enfans naturels sont encore plus le fruit de la misère que de la débauche. Un grand tiers des enfans qui naissent ainsi, ne sont point reconnus : ils n'ont ni père, ni nom, point de famille et leur nombre, loin de diminuer, tend sans cesse à s'accroître.

Ce que je viens de dire est encore loin de la réalité ; je vous ai épargné les détails, ils auraient fait horreur....... Ah, dites-le, ne sentez-vous pas la *nécessité* de sortir d'une route qui mène à tant de malheurs ?

Et d'abord je m'adresse à vous, Mesdames, dont l'excellent cœur m'est déjà révélé par votre sollicitude pour la classe la plus nombreuse et la plus pauvre. Ne reconnaissez-vous pas que votre charité est impuissante pour cicatriser tant de plaies ? vous qui consacrez un jour de la semaine à vêtir le pauvre, ne sentez-vous pas l'insuffisance de vos moyens ? Après avoir visité la demeure, disons mieux, le cloaque infect et dégoûtant de ces infortunés.... pouvez-vous être satisfaites de notre ordre social ; ne sentez-vous pas la nécessité absolue de le transformer ? Et tant que durera cet état désespérant de misère, pourrez-vous être parfaitement heureuses ? Non, cela est impossible ; vous serez poursuivies par les souffrances du pauvre, vous croirez l'entendre crier *Pitié !* Leurs angoisses, leurs gémissemens viendront bouleverser votre cœur ; votre table délicate, vos appartemens bien chauffés, vos plaisirs, vos parures élégantes, tout vous pèsera, quand une voix intérieure vous criera sans cesse : « *Il est des Hommes qui meurent* « *de Froid et de Faim !!!* »

Messieurs, je ne mets pas en doute vos sympathies pour la classe pauvre et souffrante, si je ne me suis pas adressé directement à vos cœurs ; je le faisais indirectement du moins, en m'adressant à vos épouses, à vos sœurs, à vos mères. Ce n'est pas la discorde que nous venons porter dans vos familles ; rassurez-vous, nous ne venons pas réclamer d'elles l'observation de minutieuses pratiques : nous venons prêcher l'ordre, l'harmonie, l'amour de l'humanité tout entière.

Mais à votre tour aussi je veux vous interroger, vous demander encore, si vous ne sentez pas l'urgence de sortir le plutôt possible de la position dans laquelle vous êtes *tous*. Mettez même vos sympathies de côté, placez-vous sur le terrain du plus déplorable égoïsme, vous trouvez-vous heureux ? Les affaires politiques marchent-elles au gré de vos désirs, les beaux-arts, les sciences vous procurent-elles tout ce que vous aviez droit d'en attendre ? Ces questions vous trouvent froids et insensibles; venons à vos propres affaires, à *l'industrie*, cette corde fait vibrer vos cœurs, voila la plaie de tous.

On s'est ri quelque part, de ce qu'un missionnaire Saint-Simonien est venu ici, en Public, exposer avec franchise les malheurs arrivés à son père. Mais c'est un aveuglement étonnant; mais c'est, voir le grain de poussière dans l'œil de son voisin et ne pas sentir la poutre qui détruit le sien. Ne cherchez point, par un vain amour propre à vous dissimuler l'abîme qui est sans cesse sous vos pas. Vous êtes tous actifs, entreprenans, tous vous êtes travailleurs; et en comparant notre existence à celle de l'oisif, on peut dire avec vérité, que vous ne connaissez de la vie que le travail et les soucis. Je le sais, le travail est naturel à l'homme; il fait même son bonheur, quand il n'est pas excessif; mais les tourmens, les soucis, les nuits qui s'écoulent à chercher les moyens de sortir d'un procès ruineux, ou d'une entreprise chanceuse, est-ce du bonheur?

Vous êtes presque tous incapables de vous livrer au moindre plaisir; mille craintes vous arrêtent. La musique n'a plus d'attrait pour vous, les danses vous font mal: à peine si les femmes et les jeunes hommes qui réfléchissent moins que vous, ont encore assez de tranquillité d'esprit pour se livrer à l'abandon de la joie et goûter une ombre de bonheur. Et quand votre vie est ainsi minée par les inquiétudes et le travail, si une maladie vient vous saisir, c'est alors que vous sentez toute l'horreur de votre position; car si le coup est décisif, si vous devez quitter la vie, que deviendra votre famille? Lui laisserez-vous une fortune qui puisse la faire subsister; vos enfans que vous chérissez, recevront-ils une éducation complète; ne devront-ils pas recourir à l'assistance de parens ou d'amis? Et avoir recours à la pitié des autres, n'est-ce pas être prêt de la mendicité?

Tout ce que je viens de dire, sera probablement contesté par les industriels, leurs affaires étant prospères; mais, à mon tour, je leur observerai que les crises commerciales se renouvellent assez souvent pour détruire les objections qu'ils pourraient me présenter. Un fait d'ailleurs que tout le monde peut constater : c'est que la fortune chez les *industriels* ne passe pas trois générations, sans éprouver de grands changemens; et il n'est guère de maison de commerce qui compte trois générations sans faillite.

Trois opinions politiques se présentent dans l'arène, et chacune prétend avoir la puissance de nous donner le bonheur. Passons-les rapidement en revue et voyons ce que nous pouvons en attendre. Le parti retrograde, celui des *légitimistes*, ne peut rien pour notre bien-être. La cause de sa faiblesse c'est le caractère de l'ordre qu'il préconise, de l'ordre entièrement fondé sur les *privilèges de la naissance*, sur *l'hérédité*, qui condamne à une éternelle exploitation la classe la plus nombreuse, celle des travailleurs. L'affranchissement des communes, la révolution de 1789, quinze années de lutte contre la restauration, et, en dernier lieu, la glorieuse révolution de 1830, viennent témoigner hautement contre tout retour à l'ordre ancien.

Le second parti est celui du *juste milieu*. Au premier abord il paraît infiniment plus facile à soutenir que celui des *légitimistes*; et pourtant lui non plus ne peut rien pour notre bonheur. La plupart des hommes qui le composent, craignant les désordres, désirant la paix, se grouppent autour du pouvoir ; ils ne veulent point reculer en se joignant au parti légitimiste ; mais si, entrainés malgré eux, ils font un pas en avant, ils tremblent, et pour prendre un exemple, voyez sa conduite au sujet de la *Pairie.* Il croit que la sûreté du trône, que nos libertés constitutionnelles ne peuvent être garanties que par la *Pairie héréditaire*, — néanmoins ils cèdent au torrent. Messieurs, est-ce sur ce parti que nous pouvons compter pour arrêter nos malheurs ; alors que ce parti veut sanctionner par des lois ce que l'opinion générale réprouve, *le privilège de l'hérédité par droit de naissance.*

Il est évident pour qui juge sans prévention que le *juste milieu* ne s'inquiète que fort peu de l'amélioration du sort de la classe la plus nombreuse ; autant que possible il voudrait rester où nous en sommes. Il croit fermement que les institutions que nous avons, sont ce qu'on peut imaginer de mieux, parceque tous les *propriétaires* voient par elles leur repos assuré, leur fortune garantie. Mais si les maux qui accablent la classe la *plus nombreuse*, sont vrais, sont palpitans, ne doit-on pas chercher ailleurs les moyens d'y remédier.

Examinons à son tour le parti du *mouvement.* Je n'ai pas besoin de vous rappeler qu'avant d'être Saint-Simonien j'étais moi-même dans ses rangs. Si je les ai quittés, ce n'est pas que leurs idées ne soient souvent généreuses ; eux aussi croient aux progrès, eux aussi veulent l'amélioration des masses, mais ils ignorent les routes qui y conduisent ; ils ont une haine profonde pour le despotisme, pour tout arbitraire ;

pour tout désordre, et cependant, leurs principes nous mèneraient à une anarchie désolante. Le *mouvement* désire la *prospérité de l'industrie*, mais il réclame une *concurrence illimitéé*, et vous avez vu que la concurrence c'est la *guerre*. Il réclame les droits électoraux pour la grande majorité des hommes ; ce principe est généreux : tous, enfans de Dieu, pourquoi serions-nous inégaux dans l'état ? Et cependant, il faut le dire, le principe de l'égalité est une chimère qu'il est temps de cesser de poursuivre. Les hommes naissent avec des aptitudes *différentes*, et tous sont *inégaux* en *intelligence* comme en *force*. Vouloir que chaque citoyen concoure à la nomination de ses chefs, c'est en définitive reconnaître que les *incapables* sauront discerner la *capacité* de ceux qui pourront les gouverner ; c'est l'écolier qui se *choisit* son gouverneur ; c'est le soldat novice, qui sait à peine manier son arme, qui va distinguer le guerrier capable de conduire une armée à la victoire.

Les hommes du mouvement veulent aussi toutes les améliorations possibles pour les classes souffrantes, et lorsque j'étais dans leurs rangs, je n'avais pas d'autre pensée ; mais leur tort est, je le répéte, de n'avoir point de plan de conduite, point de système, ils en sont encore à *détruire les débris du passé*, et s'ils cherchent à y substituer quelque chose ce n'est que partiellement, leur mission à eux est de détruire, la nôtre est d'édifier.

Le temps ne me permet pas aujourd'hui de faire la comparaison du système constitutionnel avec le nôtre ; mais je dois vous dire pour provoquer vos réflexions, qu'un système *basé* uniquement sur la « *DÉFIANCE* » (et c'est le système actuel) ne peut être la règle définitive de l'humanité.

Un jour je mettrai en parallèle la *politique constitutionnelle* avec la *politique Saint-Simonienne*, vous jugerez vous-mêmes de quel côté vous devez porter vos espérances.

Je crois en avoir assez dit pour vous amener à conclure, qu'aucun des trois partis, qui s'agittent en ce moment n'a la puissance de nous conduire vers un avenir meilleur.

Les crises épouvantables qui ravagent l'Europe ont frappé Saint-Simon, et après trente années d'études, de profondes méditations, il nous a légué en mourant, la doctrine qui doit mettre un terme à tant de maux.

Nous ne venons pas avec la prétention de vous convaincre sans examen; ce que nous demandons de vous pour la suite, c'est au contraire l'attention, l'examen. Les calomnies que l'on débite sur la religion Saint-Simonienne font désormais un devoir à tout homme éclairé, à tout homme consciencieux, de *l'étudier*, afin de juger, *par lui-même*, ce qui est vrai et ce qui est faux.

Je devais, pour légitimer l'opportunité de la doctrine, vous dépeindre les désordres affreux auxquels la société est en proie; je devais vous démontrer, que les différens partis politiques qui se disputent le monde, sont tous, sans exception, incapables de nous ramener l'ordre et le bonheur. Si nous vous amenons à convenir que la doctrine St. Simonienne est *belle* et *désirable*, et que vous ne fassiez que douter de sa *réalisation*, alors, Messieurs, vous serez déjà bien près de nous.

Notre doctrine a la puissance de satisfaire toutes les sympathies. Les amis de la *tranquillité*, de *l'ordre* verront que *l'ordre et la tranquillité* sont les conditions inséparables de notre religion, les amis du *mouvement*, du *progrès*, reconnaîtront que le *progrès* est pour nous une condition d'existence, qu'il est la base de notre foi, la LOI PROVIDENTIELLE de l'humanité.

Ne me trompé-je pas en affirmant que notre doctrine a la puissance de satisfaire toutes les sympathies. Quelques hommes à préjugés seront scandalisés sans doute, de ce qu'on ôse déchirer devant eux les langes qui enveloppent encore une partie de la crédule humanité. Une classe restera à contenter, c'est celle des *oisifs*, mais nous ne tenons à convaincre que les âmes fortes et sympathiques, capables de comprendre la portée de nos vues pour l'avenir, elles nous entendront, elles ne resteront pas sourdes à notre voix. Quant aux hommes que le froid égoïsme retient encore sous son empire, nous les plaindrons, mais nous entendrons leurs clameurs sans nous émouvoir.

Le temps ne me permet pas d'entrer aujourd'hui dans le développement de la doctrine; dans les séances successives nous en aborderons les différens points en détail.

Notre religion peut se résumer dans les formules qui se trouvent en tête de nos journaux; je les rapporte ici:

Toutes les institutions sociales doivent avoir pour but l'amélioration du sort MORAL, *intellectuel* et *physique* de la classe la plus nombreuse et la plus pauvre;

Tous les privilèges de la naissance, sans exception, seront abolis;

A chacun selon sa capacité;

A chaque capacité selon ses œuvres;

Telle est l'étoile qui doit nous guider dans toutes nos actions; tout est contenu dans ces trois grands principes.

Tout ce que vous entendrez plus tard, n'en sera que le *développement*, la *conséquence*, et nous ne pouvons commettre d'erreur, qu'autant que ces conséquences seraient mal déduites.

Nous n'avons pas la prétention de ne jamais nous tromper dans les détails : l'édifice se perfectionnera, lorsque des voix amies viendront se joindre aux nôtres. Messieurs, l'important est que les bases en soient vraies, inébranlables, qu'aucun homme n'ose les contester.

Nos prétentions pourront d'abord paraître audacieuses ; beaucoup diront que, nouveaux révolutionnaires, nous venons renverser tout ce qui existe, ajouter encore au chaos dans lequel l'humanité est plongée. Rassurez-vous, nous n'apportons ni la haine, ni la guerre ; notre caractère est entièrement pacifique, plus avancés que les différens partis qui se disputent le monde, nous les appelons *tous* à concourir à la grande œuvre, et pour les ralier à nous, nous n'avons d'autre arme que la *patience*, la *démonstration*, *l'exemple de notre vie*.

Propriétaires, chefs d'industrie, ouvriers, vous n'entendrez sortir de notre bouche qu'un langage de paix et d'amour. Nous en avons l'espérance, bien plus, la conviction la plus intime, tous vous vous approcherez de nous, et nous aurons le pouvoir de vous faire aimer les uns les autres, en vous faisant partager notre foi religieuse, dès lors nous aurons la puissance de vous associer.

www.ingramcontent.com/pod-product-compliance
Ingram Content Group UK Ltd.
Pitfield, Milton Keynes, MK11 3LW, UK
UKHW020548230726
13925UKWH00006B/2454

9 782014 436389